# SCENES FRANÇOISES
## DE LA
# COMEDIE ITALIENNE,
### INTITULÉE
# LA FOIRE S. GERMAIN.

*Comme elles ont paru dans les premieres Representations.*

## A GRENOBLE,

M. DC. XCVI.

# LA FOIRE S. GERMAIN,
## COMEDIE.

### ACTE PREMIER.

#### SCENE PREMIERE.

COLOMBINE. ARLEQUIN.

ARLEQUIN *à part*.

NE seroit-ce point là quelque avanturiere foraine *à Colombine*. N'êtes-vous poinr, Mademoiselle, de ces Chauves souris apprivoisées qui gracieusent le Bourgeois, & luy proposent la collation.

COLOMBINE.

Et vous ne seriez-vous point par avanture

A ij

*La foire S. Germain,*

de ces Chevaliers desheritez par la fortune qui retrouvent leur patrimoine dans la bourse des passans.

### ARLEQUIN.

Oh ! oh ! vous mettez ma pudeur hors des gonds. Je suis un Gentilhomme qui ay quitté le service pour venir prendre de l'employ à la foire.

### COLOMBINE.

Peut-on vous demander où vous avez servy, en Flandres ou en Allemagne.

### ARLLQUIN.

A Paris.

### COLOMBINE.

A Paris.

### ARLEQUIN.

Oüy, j'ay esté trois ans Cuirassier dans le Guet, après avoir servy volontaire dans le Regiment de l'Arc-en-ciel.

### COLOMBINE.

Je n'ay pas oüy parler de ce Regiment-là.

### ARLEQUIN.

Diable, c'est un des plus beaux Regimens de France, les soldats y sont tantost fantassins, tantost carrossiers, & sont habillez de verd, de jaune ou de rouge suivant la fantaisie des Capitaines.

*Comedie.*

COLOMBINE.

Je commence à avoir quelque teinture de voſtre Regiment.

ARLEQUIN.

C'eſt le corps le plus neceſſaire à l'Eſtat, & où on fait le plus viſte ſon chemin, on tire de là des gens pour remplir les emplois les plus lucratifs ; & je connois vingt Commis en chef qui n'ont jamais fait ailleurs leurs exercices.

COLOMBINE.

Je ſuis ravy Monſieur, de connoiſtre un Gentilhomme qui a eſtudié dans une Academie ſi fleuriſſante, apparamment vous ſçavez faire l'exercice du flambeau.

ARLEQUIN.

Oüy, j'ay eu l'honneur d'éclairer (chemin faiſant) une femme de Robbe, une femme Gardenotte, & la Concierge d'un Abbé.

COLOMBINE.

La Concierge d'un Abbé, voilà un plaiſant employ.

ARLEQUIN.

Elle prenoit ſoin des meubles de Monſieur, broyoit ſon rouge, baſſinoit ſon lit, & le friſoit tous les ſoirs.

A iij

## La foire S. Germain,

#### COLOMBINE.

Il n'y a pas grand ouvrage à friser des cheveux en abregé comme ceux là.

#### ARLEQUIN.

Oh ! malepeste ne vous y trompez pas, j'aimerois mieux friser trois testes de femmes en boucles, que de mettre une seule tête d'Abbé en marons.

#### COLOMBINE.

Il y a quelquefois plus d'affaires auprés de ces Messieurs là qu'auprés des femmes.

#### ARLEQUIN.

On en dit la rage des femmes, mais pour moy je ne les trouve pas si dévergondées que les hommes.

#### COLOMBINE.

Elles sont pourtant bien exposées au peril ; car pour peu qu'une femme ait d'enjoüement, un homme luy donne vivement la chasse, elle évite un temps l'écüeil dangereux des presens, elle resiste à la tempeste, mais à la fin il vient une bourasque de pleurs & de soûpirs ; un amant fait force de voile, il double le cap de bonne esperance, une femme veut se sauver, elle donne contre un rocher, voilà la barque renversée, & dans cette extremité-là l'honneur a bien de la peine à se sauver à la nage.

### ARLEQUIN.

L'honneur d'apresent est pourtant bien mince, & bien leger, il devroit aller sur l'eau comme du liege.

### COLOMBINE.

Et cette femme de Robbe, par exemple, que vous avez éclairée, son honneur sçavoit-il nager?

### ARLEQUIN.

Oh! pour celui-là il faisoit quelquefois le plongeon; Elle n'avoit jamais étudié, & si elle sçavoit autant de latin que son mary, c'étoit elle qui faisoit l'Extrait de tous les procés dont Monsieur étoit rapporteur.

### COLOMBINE.

Eh! cette femme Gardenotte n'a-t'elle jamais fait de fausseté dans son ministere?

### ARLEQUIN.

Il ne faut jamais dire de mal des gens dont on a mangé le pain; mais si on avoit gardé minutte dans l'Etude de tout ce qui se passoit dans la Chambre, il auroit fallu plus de vingt Clercs pour en délivrer des expeditions.

### COLOMBINE.

C'est-à-dire qu'il y avoit quelqu'un dans

Da foire S. Germain, la maison qui signoit en second.

### ARLEQUIN.

Vous l'avez dit.

### COLOMBINE.

Pour moy tout ce que je voyois m'échauffoit si fort le sang, que je me suis faite Limonadiere pour me rafraîchir la conscience.

### ARLEQUIN.

C'est-à-dire que vous avez presentement la conscience à la glace, & moy pour le repos de la mienne j'attrape icy l'argent du passant, c'est moy qui fais voir la bouche de la verité, la mort de Lucrece, le Quadran du Zodiaque, le Serrail de l'Empereur du Cap verd, & autres niaiseries lucratives de cette nature-là.

### COLOMBINE.

Quoy c'est toy qui.....

### ARLEQUIN.

C'est moy-même.

### COLOMBINE.

Voilà cinquante Pistolles qui te vont sauter au collet si tu veux ayder à desabuser un vieux Docteur, & renvoyer un Provincial à Pont-l'Evêque.

### ARLE-

## Comedie.

### ARLEQUIN.

Je ne suis point interessé, mais je n'ay amais rien refusé pour cinquante Pistolles.

---

# SCENE II.

ARLEQUIN, LA BOUCHE DE LA VERITE, LE DOCTEUR.

### ARLEQUIN.

Voicy le Rendez-vous de tous les Curieux.
C'est ici qu'on voit tout pourvû qu'on ait des yeux.
Ici l'on entend tout quand on a des oreilles,
Et de l'argent, s'entend. O Bouche sans pareille !
Vous effort de mon art, miracle de ma main,
Vous ne cesserez pas d'estre mon Gâgne-pain,
Tant que la Ville
En Badaux sera fertile.
Vous estes, il est vray, de bois & de carton
Vuide de sens commun, sans esprit, sans raison ;

B

Cependant vous allez prononcer des Oracles.
Mais on voit tous les jours de semblables miracles ;
En effet combien voyons-nous
De ces testes tant consultées,
Decider de nos Destinées,
Qui n'ont pas plus d'esprit & de raison que vous.

### LA CHANTEUSE, *chante.*

Venez à nous, accourez tous,
Rien n'est si doux
Que d'apprendre sa Destinée ;
Mais dans l'Himenée
L'ignorance est d'un grand secours ;
Epoux ignorez toûjours.

### LE DOCTEUR.

Monsieur, unn certaine Fille nommée Colombine, m'a dit que je pourrois avoir chez vous des nouvelles d'une Fille que je cherche, & que j'ay fait afficher.

### ARLEQUIN.

Voilà nostre homme.. Et si vous l'aviez trouvée qu'en feriez-vous ?

### LE DOCTEUR,
Ce que j'en ferois, je l'épouserois.

### ARLEQUIN.

Eh ! Monsieur l'Epouseur, de quelle qualité estes-vous ?

Comedie.

### LE DOCTEUR.

Je suis Docteur.

### ARLEQUIN.

Bene, bene. Ah que voilà une qualité d'une grande resource pour une femme. Eh, quel âge avez-vous ?

### LE DOCTEUR.

Soixante & dix ans.

### ARLEQUIN.

Optime, Optime : Voilà un âge bien glissant ; vous courez risque de vous y casser le col. Et la Fille quel âge a-t-elle ?

### LE DOCTEUR.

Vingt ans.

### ARLEQUIN.

Ah ! Que c'est bien fait. Quand on n'a plus de dents on ne sçauroit prendre de la viande trop tendre. Vous voulez sans doute sçavoir si elle vous enrôllera dans le grand Catalogue ou Vulcain est à la teste.

### LE DOCTEUR.

Justement.

### ARLEQUIN.

Je m'en vais vous essayer le Bonnet de la verité.

*La Foire S. Germain.*
*Il luy met le Bonnet de la verité, qui prend sur sa teste la figure d'un Croissant.*

**LA BOUCHE DE LA VERITE,** *chante.*
Consoles-toy d'avoir sur ton Turban,
Le Croissant qu'on revere en l'Empire
   Ottoman ;
On le porte par tout le monde ;
Et j'en vois,
Qui malgré leur Perruque blonde,
Ne sont pas mieux coëffez que toy.

---

## SCENE III.

COLOMBINE, *en petite fille.*
ARLEQUIN, LA BOUCHE DE LA VERITE'

### COLOMBINE.

IL y a long-temps, Monsieur, que la curiosité m'auroit amenée ici, si la crainte ne m'avoit retenuë.

### ARLEQUIN.

La curiosité meneroit les Filles bien loin, si la crainte ne les retenoit ; Mais c'est une Bride qui n'est pas toûjours la plus forte.

COLOM.

### COLOMBINE.

Je ne crois pas qu'au monde il y ait une Fille plus craintive que moy, je n'o'erois demeurer seule; & la nuit j'ay si peur des Esprits, qu'il faut que j'aille coucher avec ma Mere pour me rasseurer.

### ARLEQUIN.

Si vous aviez la connoissance de certains Esprits palpables, ce ne seroit pas vostre Mere que vous chercheriez le plus : Je gage que vous venez sçavoir si vostre beauté durera long temps.

### COLOMBINE.

Mais, Monsieur, je crois qu'elle durera autant que ma jeunesse.

### ARLEQUIN.

Les Femmes d'aujourd'huy poussent la jeunesse bien loin ; & j'en connois qui suivant leur calcul sont encore plus jeunes que leurs Filles.

### COLOMBINE

Cela est vray. C'est pour cela que je renonceray à la jeunesse dés que j'auray vingt ans.

### ARLEQUIN.

Vous compterez de bonne foy jusques à

dix-huit, mais vous serez terriblement long-temps sur la dixneuviéme.

### COLOMBINE.

J'ay une vieille tante, qui veut absolument passer pour ma sœur, elle dit que la glace de son miroir est ridée, & qu'on n'en fait plus de si belle qu'au temps passé.

### ARLEQUIN.

Allez, dites-luy que je fais travailler à une Manufacture de Glaces pour les vieilles : vous voulez sçavoir apparamment si vous aurez des amans:

### COLOMBINE.

Des amans, & qu'est-ce que des amans ?

### ARLEQUIN.

Vous ne sçavez pas ce que c'est qu'un amant, vous

### COLOMBINE.

Non vraiment.

### ARLEQUIN.

Vous estes pourtant de taille à le sçavoir : Un amant est un espece d'animal qui s'insinuë auprés d'une fille en chien couchant, qui la mord en mâtin, & s'enfuit en lévrier.

## COLOMBINE.

Oh! vraiment si c'est là ce que vous appellez des amans j'en ay beaucoup.

## ARLEQUIN.

Je le sçavois bien moy, vous avez esté morduë peut-estre.

## COLOMBINE.

J'ay entr'autres un grand Cousin qui me baise toûjours les mains dés qu'il les peut attraper, & qui dit qu'il se tuëra si je ne l'aime.

## ARLEQUIN.

Voilà le chien couchant.

## COLOMBINE.

Je connois aussi un jeune Monsieur qui va à l'armée, & qui me donne toûjours quelque chose avant de partir.

## ARLEQUIN.

Oh! pour celui là c'est le levrier.

## COLOMBINE.

C'est luy qui m'a donné les Cornettes & les engageantes que vous me voyez.

## ARLEQUIN.

Des cornettes & des engageantes! quand une fille est prise par la teste & par les bras elle ne peut plus deffendre le reste : mais enfin que voulez-vous donc?

COLOMBINE.

Je voudrois bien ; mais n'y a-t-il personne qui nous écoute?

ARLEQUIN.

Vous pouvez parler librement, les gens qui sont icy n'y viennent que pour entendre.

COLOMBINE.

Je... Je... mais Monsieur je n'oserois vous le dire.

ARLEQUIN.

Oh! parlez donc, ou vous en allez.

COLOMBINE.

Je voudrois bien sçavoir si je seray mariée cette année.

ARLEQUIN.

Pour pouvoir vous dire cela, il faudroit auparavant sçavoir si vous estes fille.

COLOMBINE.

Si je suis fille.

ARLEQUIN.

Oüy, fille, fille, bien des gens usurpent ce nom là, de tous les titres c'est le plus aisé à

## Comedie. 17

falsifier, & telle porte une lozange en écusson qui entoureroit ses armes de bien des cordons de veuve. Ecoutez, Il faut mettre vostre main dans la Bouche de la Verité, si vous estes Fille elle ne vous fera point de mal; mais si vous n'estiez que demie Fille, elle vous mordera si serré, qu'elle ne vous lâchera peut-être de dix ans.

### COLOMBINE.

Mais... Mais, Monsieur, qu'est-ce donc qu'une demie Fille?

### ARLEQUIN, *d'un air embarrassé.*

Peste soit de l'interrogation. Une demye-Fille c'est.... comme.... Par exemple.... N'avez-vous jamais veu des Castors?

### COLOMBINE.

Oh qu'oüy!

### ARLEQUIN.

Il y a des demy-Castors aussi.. il y a du mélange.. tout le monde vous dira cela.... Allons, voyons.

### COLOMBINE.

Oüy-dâ, je ne crains rien, & j'y mettray ma main jusqu'au coude.

### LA BOUCHE DE LA VERITÉ, *chante.*

Prends garde à mes dents,

C iij

Crains ma colere;
J'ay mordu ta mere
A quinze ans.
Prends garde à mes dens,
Car en ce temps
Une Fille n'est guére
Plus Fille que sa Mere.

### COLOMBINE.

Mais, Monsieur, si la Bouche estoit une gourmande qui m'allât mordre sans sujet ?

### ARLEQUIN.

C'est une Bouche fort sobre, qui ne mord que fort à propos.

*Il luy prend la main pour la mettre dans la Bouche de la Verité, qui s'avance pour la mordre.*

Il y a là du demy-Castor, & vostre main n'est pas si Fille que vous.

### COLOMBINE.

Monsieur, je suis tres-humble servante à la Bouche de la Verité, mais j'ay trop peur de ses vilaines dents.

*Fin du premier Acte.*

## ACTE SECOND,

### SCENE PREMIERE.

---

ARLEQUIN, *en Femme dans une Vinaigrette.* MEZETTIN, *en Femme dans une autre Vinaigrette.* LES DEUX HOMMES *qui les conduisent.*

*Les Hommes se choquent & contestent à qui reculera.*

#### PREMIER HOMME.

Recules, Vivant.

#### SECOND HOMME.

Recules toy-même.

#### PREMIER HOMME.

Holà, l'amy, hors du Passage,

#### SECOND HOMME.

Hors du Passage toy-même.

#### MEZETTIN.

Qu'eſt-ce donc, Cocher, eſt-ce que vos Cheveaux ſont fourbus ?

#### ARLEQUIN.

Foüettes-donc, Maraut, foüettes-donc, as tu oublié mes allûres ?

#### PREMIER HOMME.

Madame, il y a là un Carroſſe qui empêche de paſſer.

#### ARLEQUIN.

Un Carroſſe ! Eh marches-luy ſur le ventre.

#### MEZETTIN, *la teſte à la Portiere.*

Quelle eſt donc l'Impertinente qui arrête mon Equipage dans ſa courſe.

#### ARLEQUIN, *la teſte a la Portiere.*

C'eſt moy, Madame, & je vous trouve bien ridicule de barrer avec voſtre Fiacre, les ruës où je dois paſſer.

#### MEZETTIN.

Sçavez-vous bien qui je ſuis, ma petite Amie ?

#### ARLEQUIN.

Me connoiſſez-vous bien, ma petite Mignonne ?

## MEZETTIN.

Aprenez si vous ne le sçavez que je suis la premiere cousine du premier Clerc d'un Huissier à verge au Chastelet de Paris.

## ARLEQUIN.

Et moy je suis la femme du Marguillier de la Villette.

## MEZETTIN.

Reculez-donc.

## ARLEQUIN.

Oh ! reculez-vous même, on n'a jamais reculé dans ma famille.

## MEZETTIN.

Oh bien Madame, je vous declare que je ne suis point pressée, & que je reste icy jusques à soleil couchant.

## ARLEQUIN.

Et moy jusques à lune levante.

## MEZETTIN.

Je n'ay rien à faire, pourveu que j'arrive aux Tuilleries entre chien & loup.

## ARLEQUIN.

Et moy pourveu que je sois demain au lever de Monsieur le Marquis de la Virgouleuse.

D

## MEZETTIN.

Puis qu'on arrête ainsi ma Caleche je veux me réjoüir à roüer de coups ce maraut-là. *Il bat l'homme qui meine la vinaigrette d'Arlequin.*

## ARLEQUIN.

Madame, Madame, si vous voulez battre mon Cocher depéchez-vous s'il vous plaist, car je le tiens à l'heure.

## MEZETTIN.

Petit Laquais allez me chercher à dîner à la Gargotte, & faites porter du foin pour mes Chevaux.

## ARLEQUIN.

Pour moy j'ay toûjours des vivres pour trois jours, donnez ma Cuisine.

*Il tire de sa Chaize des Serviettes, de la Vaisselle, un Poulet, de la Salade, une Bouteille & des verres.*

## SCENE II.

### LE COMMISSAIRE, ARLEQUIN, MEZETTIN.

#### LE COMMISSAIRE.

Quel cohuë, est-ce donc mes Dames, voilà un Enterrement, un troupeau de Bœufs, & deux Chars de foin qui ne sçauroient passer, ostez-vous de là.

#### MEZETTIN.

Oh ! bien Monsieur, je secheray plûtôt sur pied que d'en branler.

#### ARLEQUIN.

Et moy je n'en demareray pas dussai-je arrester la circulation de Paris.

#### MEZETTIN.

Je souffriray bien vraiment qu'une sous-Roturiere insulte ma Caleche en pleine ruë.

#### ARLEQUIN.

Nous verrons si une arriere Bourgeoise

24 *La foire S. Germain,*
me mangera la laine sur le dos.

### LE COMMISSAIRE.

Il faut trouver quelque accommodement à cela.

### ARLEQUIN.

Comment Monsieur le Praticien ; est-ce que vous me prenez pour une femme d'accommodement ?

### LE COMMISSAIRE, *prend les Vinaigrettes pour les faire reculer.*

Reculez-donc.

### ARLEQUIN & MEZETTIN.

Que je recule.

*Ils se battent & se decoiffent.*

## SCENE III.

## SCENE III.
## LUCRECE SEULE.

Quel bruit injurieux oze attaquer ma
    gloire?
Quel horrible attentât! ô ciel le puis-je
    croire?
Quoy Tarquin méprisant les Dieux & leurs
    Autels,
Nourriroit dans son sein des desirs crimi-
    nels,
Dieux! pourquoy m'accorder les traits d'un
    beau visage,
A moy qui ne veux point en faire aucun
    usage.
A moy qui ne veux point d'un soûris, d'un
    regard
Enchaîner chaque jour quelque amant à
    mon chait,
A moy qui ne suis point de ces femmes co-
    quettes,
Qui tirent interest de leurs faveurs secrettes,
Et mettant à profit les charmes de leurs
    yeux
Trafiquent un present qu'elles doivent aux
    Dieux :

Mais pourquoy faire au ciel une injuste querelle,
Des amours de Tarquin suis-je pas criminelle ;
C'est moy qui ce matin par des soins imprudens,
Ay voulu me parer de ces ajustemens,
C'est moy qui par ces nœuds dont l'appareil m'offense,
De mes cheveux épars ay dompté la licence,
Dangereux ornemens, pe nicieux attraits,
Cherchez une autre main quittez-moy pour jamais,
Perisse un ornement à ma vertu contraire ;
Mais quel mortel icy porte un pas temeraire.

---

## SCENE IV.

## LUCRECE, MEZETTIN
*en habit heroïque.*

### MEZETTIN.

Princesse, pardonnez si d'un pas indiscret,
Je m'offre devant vous crotté comme un ba.bet,
Excusez si forcé du zele qui me presse..,

Madame, par hazard n'estes-vous point Lucrece?

### LUCRECE.

Oüy, Seigneur, je la suis.

### MEZETTIN.

L'Empereur des Romains
Me depêche vers vous pour vous remettre és mains
Des signes asseurez de l'amour qui le perce,
Un poulet des plus grands escorté d'un Sesterce.
Un Sesterce en François fait mil écus & plus,
Ma Princesse il est bon de pezer là-dessus.

### LUCRECE.

A moy, Seigneur.

### MEZETTIN.

A vous.

### LUCRECE.

O Dieux!

### MEZETTIN.

Sçavez-vous lire,
Lisez.

### LUCRECE.

D'étonnement je ne sçaurois rien dire,

## MEZETTIN.

Ne vous y trompez pas il est signé Tarquin,
Scellé de son grand sceau, & plus bas Mezettin.

## LUCRECE lit.

*Il n'est rien qu'en ces lieux l'amour*
*ne vous soûmette,*
*Vous remuez les cœurs par des res-*
*sorts secrets.*
*En argent bien comptant je compte*
*la fleurette,*
*Et je ne prens pas garde aux frais.*

Le stile en est pressant.

## MEZETTIN.

Et sur tout Laconique:
Mais mieux que ce papier cette bourse s'explique.

## LUCRECE.

Que dites-vous, Seigneur, l'ay-je bien entendu,
Connoist-il bien Lucrece?

## MEZETTYN.

Oüy, que je sois pendu,

## Comedie.

Haut & court par mon col, il vous connoiſt, Madame.
Jugez en ce moment de l'excez de ſa flâme
D'achepter des faveurs trois cens Loüis comptans,
Qu'il pourroit obtenir ailleurs pour quinze francs,

### LUCRECE.

N'étoit tout le reſpect que j'ay pour voſtra Maiſtre,
Vous pourriez bien, Seigneur, ſortir par la fenetîre.

### MEZETTIN.

Moy, Madame.

### LUCRECE.

Oüy, Seigneur, car enfin pour le Roy,
Vous vous chargez icy d'un fort vilain employ.

### MEZETTIN.

C'eſt l'employ le plus ſeur pour bruſquer la fortune.

### LUCRECE.

Seigneur, voſtre preſence en ces lieux m'importune,
Allez, retirez-vous.

### MEZETTIN.

Voici Tarquin qui vien,
Faites voſtre devoir je vais faire le mien ;
Souvenez-vous toûjours, Beauté trop deſſa-
  lée,
Quand on reçoit l'argent que l'on eſt enrôl-
  lée.

---

## SCENE V.

### TARQUIN, LUCRECE, MEZETTIN, Gardes.

### TARQUIN.

Avant que de venir vous découvrir
  mon cœur,
J'ay fait ſonder le guet par mon Ambaſſa-
  deur,
Mon Garde du Tréſor l'a fait partir en poſte;
Auſſi ſans un moment douter de la Ripoſte,
Et pouſſé des tranſports d'un feu ſeditieux,
Je me ſuis tranſporté moy-même ſur les
  Lieux.
Mon amour à la fin a rompu ſa gourmette ;
Et mon Valet-de-Chambre apporte ma
  Toilette.

## Comedie. 31

### LUCRECE.

Seigneur, que ce discours pour Lucrece est nouveau,
Moy que l'on vit dans Rome au sortir du Berceau,
Estre un exemple à tous d'honneur & de sagesse.

### TARQUIN.

On peut bien en sa vie avoir une foiblesse;
Le Soleil quelque fois s'éclipse dans les Cieux,
Et n'en est pas moins pur revenant à nos yeux;
Plus d'une femme ici, dont la vertu je gage,
A souffert mainte Eclypse, y passe encor pour sage.
Toute l'adresse gist à bien cacher son jeu;
Vous pouvez avec moy tarquiniser un peu.

### LUCRECE.

Quoy donc; oubliez-vous, Seigneur, quelle est Lucrece?

### TARQUIN.

Oüy, je veux l'oublier, car enfin, ma Princesse,
Quand on peut regarder ce Corsage joly,
Ce minois si bien peint, ce cuir frais & poli;
Cette bouche, ces dents, cette vive prunelle,

Qui comme un gros Rubis charme, brille,
    étincelle.
Sur tout ces petits monts faits d'un certain
    metail,
Tenus sur l'estomac par deux clouds de
    corail;
Qu'on a vû ce nez, ce .... Ah Divine
    Princesse,
On oublie aisément que vous estes Lucrece,
Pour se ressouvenir qu'en ce pressant destin,
Toute Lucrece est femme, & tout homme
    est Tarquin.

*Il luy baise la main.*

### LUCRECE.

Quelle entreprise ! O Ciel ! Quel amour
    temeraire ?
Seigneur, que faites-vous....

### TARQUIN.

Moins que je ne veux faire;
D'un amour clandestin mon foye est rissolé,
Jusques aux intestins je me sens gresillé.
Ah ! Madame, souffrez qu'avec vous j'es-
    carmouche;
Que d'appas, que d'attraits, l'eau m'en vient
    à la bouche.

### LUCRECE.

On pourroit par bonté d'un amour mu-
    tuel...
Mais, Seigneur, vous allez d'abord au cri-
    minel.

### TARQUIN.

Madame, j'ayme en Roy, cela veut dire en maistre.
Ma tendresse est avide & veut de quoy repaistre.
Un soûris, un regard affriole un Amant,
Mais c'est viande trop creuse à mon amour gourmand.

### LUCRECE.

Seigneur, à quelque excez vous porterez mon ame.

### TARQUIN.

Madame, à quelque excez vous pousserez ma flâme;
Assez & trop longtemps vous attisez mon feu.
J'ay trop fait pour tirer mon épingle du jeu.

### LUCRECE.

Avant qu'à tes desseins mon cœur se détermine,
Ce fer de mille coups m'ouvrira la poitrine.

### TARQUIN.

Il n'est pas encor temps d'accomplir ce desir,
Vous vous poignarderez tantost tout à loisir.

### LUCRECE.

Quoy! Seigneur, ma vertu cette fleur immortelle.

E

## TARQUIN.

Avec vostre vertu, vous nous la baillez
belle.
Holà, Gardes, à moy.

## MEZETTIN.

Que voulez-vous, Seigneur ?

## LUCRECE.

Puisque rien ne sçauroit arêter ta fureur,
Approche, & vois en moy l'action la plus
rare
Dont jamais l'Univers ait oüi parler. Bar-
bare,
Contre tes noirs desseins en vain j'ay com-
battu ;
Eh bien ! connois Lucrece & toute sa vertu.

*Elle se tuë.*

## TARQUIN.

Que vois-je ? Juste Ciel !

## MEZETTIN.

Bon ce n'est que pour rire.

## TARQUIN.

Non la peste m'étouffe, elle tombe, elle ex-
pire.
Et c'est moy Dieux cruels qui suis son as-
sassin,

C'eſt moy qui luy plongeay le poignard
　　dans le ſein.
Que la terre irritée aprés tant d'injuſtices
S'ouvre pour m'engloûtir dans ſes creux
　　precipices,
Que la foudre du ciel ſur moy tombe en
　　éclats;
Mais quoy, pour me punir n'ay-je donc pas
　　un bras,
Que ce poignard encor tout fumant de ſa-
　　geſſe,
Immole en même temps & Tarquin &
　　Lucrece,
Frappons ce lache cœur qui me retient la
　　main,
Perçons... non... remettons cette affaire
　　à demain :
Je ſens mollir mon bras, je ſens couler
　　mes larmes,
Et ma main de foibleſſe abandonne les ar-
　　mes.
Je deviens tout perplex, viens-t'en me
　　ſoûtenir :
O temps ! ô ſiecle ! ô mœurs ! que dira l'a-
　　venir,
D'un chimerique honneur le ſexe s'infa-
　　tuë,
Plûtoſt que forligner une femme ſe tuë.
Ah ! Lucrece mamour vous donnez aujour-
　　d'huy
Un exemple étonnant qui ſera peu ſuivy.

## MEZETTIN.

Pleurez, Seigneur, pleurez l'effet de vos fredaines.

## TARQUIN.

Ah toy qui sçais pleurer, épargnes-m'en les peines.

## MEZETTIN.

Chantez du moins un air sur son triste tombeau.

## TARQUIN.

C'est à toy bien plûtost d'enfler ton chalumeau.

*Il chante.*

Car je t'ay pris pour mon valet
A cause de ton Flageollet.

## MEZETTIN *chante.*

Car il m'a pris pour son valet
A cause de mon Flageollet

*Fin du Second Acte.*

## ACTE TROISIEME.

## SCENE PREMIERE.

### ARLEQUIN. LE DOCTEUR.

### ARLEQUIN.

C'EST icy qu'on voit ce qu'il y a de plus curieux à la Foire. Sauts perilleux. Un Greffier qui saute à pieds joints pardessus la Justice. Une femme de cinquante-ans qui saute à reculons à vingt-cinq. Une jeune personne qui saute de l'état de fille à celuy de veuve sans avoir passé par le Mariage. Un Basque qui du derriere d'un Carrosse saute dedans sans attraper la roüe. Monstres naturels, un animal moitié Medecin de la ceinture en haut, & moitié Mule de la ceinture en bas, avec un autre animal moitié Avocat, & moitié petit Maistre. Un Antropophage qui mange les hommes tous crûs, & qui n'a plus faim dés qu'il voit des femmes. Ouvrages merveilleux, un Sac fait à l'éguille, contenant le procés d'un bas Normand commencé sous Richard sans peur premier Duc de Normandie. Le Coffre fort d'un Gascon pé-

G

zant trois grains de bled avec tout ce qui est dedans ; mais ce qu'il y a de plus curieux c'est une Pendule qui marque l'heure d'emprunter, & jamais celle de payer, Ouvrage tres-utile pour quantité d'Officiers revenus de l'armée.

### LE DOCTEUR.

Oh ! pour ces Pendules j'en veux avoir une à quel prix que ce soit.

### ARLEQUIN.

A présent ces Ouvrages-là ne se vendent plus, on en fait les Loteries, & depuis qu'on ne donne plus de Jettons dans les compagnies, ce sont les Orlogers qui les distribuënt.

### LE DOCTEUR.

Eh bien je prendray des billets de Loterie.

### ARLEQUIN.

Vous ferez fort bien, vous avez la Phyzionomie heureuse, & je crois que vous gagnerez le gros Lot. Voilà le Cadran du Zodiaque.

### *On ouvre.*

### LE DOCTEUR.

Ah ah ! je vois dans vostre Zodiaque des signes que je ne connois point.

### ARLEQUIN.

Ce sont tous signes simboliques & misterieux que j'ay mis à la place des anciens, je reforme le Zodiaque comme il me plaist.

### LE DOCTEUR.

Un Procureur : & qui peut avoir mis un Procureur parmy les astres.

### ARLEQUIN.

C'est moy qui l'ay mis à la place du Cancre.
Celuy que vous voyez en signe,
Estoit un Procureur insigne
Que je nommai cancre ou vilain,
Pour m'avoir fait mourir de faim
Quand j'étois Clerc sous sa ferulle,
On entendoit à sa pendule
Sonner l'heure du coucher
Avant celle du souper.

### LE DOCTEUR.

Qu'est-ce que c'est que cette fille avec un trebuchet à la main ?

### ARLEQUIN.

Au lieu de signe on a pris soin,
De mettre en cet endroit l'Epiciere du coin,
La Balance autrefois servoit à la Justice,
Maintenant au Palais ce meuble est superflus,

G ij

Et l'on ne s'en sert presque plus,
Qu'à pezer le sucre & l'épice.

### LE DOCTEUR.

Eh ! voilà un homme qui me ressemble.

### ARLEQUIN.

C'est le Capricorne....
Quoique ce Chef cornu contienne une Satire,
Je ne veux rien vous dire,
Sur un sujet si beau
Pour un Epoux content que mes vers feroient rire,
Mille enrageroient dans leur peau.

### LE DOCTEUR.

Y a-t-il des malades dans le Firmament,
Que j'y vois un Carabinier de la faculté.

### ARLEQUIN.

J'ay mis au lieu du Sagittaire
Ce venerable Apotiquaire,
Tout visage sans nez fremit à son aspect.
Et luy s'agenoüillant de civile maniere
Tire la fléche avec respect.

### LE DOCTEUR.

Est-ce qu'il y a quelque signe de mort que je vois une place vaquante.

### ARLEQUIN.

J'ay cherché vainement par tout nostre Hemisphere,

Une fille pour mettre au signe de *Virgo* ;
Mais par le premier ordinaire
Il m'en vient une de Congo.
Que dites-vous de ces Gemeaux-là ?

### LE DOCTEUR.

Octave & Angelique qui s'embraſſent....

### ARLEQUIN.

Vous l'avez dit Docteur les *Gemini* ſont
　　morts ;
Mais ces deux grands Gemeaux que vous
　　voyez paroiſtre,
Ne faiſant plus qu'un en deux corps
Malgré vous en feront renaiſtre.

### LE DOCTEUR.

Allez-vous en au diable avec voſtre Zodiaque.

### ARLEQUIN.

Pour vous détaſcher je m'en vais vous faire entendre mon carillon.

*Le Temps ſe détache & chante.*

### LE TEMPS.

Ton temps, ton temps eſt paſſé,
Ton timb. ton timbre eſt caſſé,
Tu t'en tu t'en vas finir ta carriere,
Ne prens point de femme ; car
Au lieu de ſonner l'heure entiere
Tu ne ſonnerois que le quart.

# LE CAP VERD,

## SCENE I.

### ARLEQUIN, *en Empereur du Cap Verd.*

JE suis Prince de la verdure,
Le Teinturier en verd de toute la nature,
On ne me prend jamais sans verd;
Singes & Perroquets sont sous ma Seigneurie,
Roy des Serins de Canarie;
Je m'appelle en un mot l'Empereur du Cap Verd.
Je bois pour me tenir toûjours la teste verte;
Vin de Vauver, Verjus, Verdée & Verdegris
Chez moy les Ragoûts sont vernis,
Tout s'y mange à la sauce verte;
Et mon Cuisinier depuis peu
Fut pendu par mon ordre en la place publique,
Pour m'avoir à soupé contre ma politique,
Fait servir une Carpe au bleu.
C'est ici que l'on voit un Serail à loüer,
Femme à vendre ou Femme à donner.

## Comedie.

Si je voulois en acheter
Je ne pourrois au quel entendre,
Combien en ce lieu de Maris
M'ameneroient leurs Femmes vendre,
Et m'en feroient fort juste prix.
Vous trouverez ici de quoy vous satisfaire
A bouche que veux-tu ; je donne aux Epou-
    seurs,
Du blond, du brun, du roux, enfin j'ay de
    quoy faire
Des Cocus de toutes couleurs.
Vous, Geolliers biftournez, qui pour ma
    feureté,
De mes menus plaifirs confervez les ferru-
    res,
A mes oyfeaux privez donnez la liberté,
Qu'ils viennent chercher leurs paftures.

---

## SCENE II.

### ARLEQUIN, PIERROT.

#### PIERROT.

MOnfieur, voilà bien des gens là qui demandent à fe marier ; il y en a un entr'autres qui dort toûjours, & demande une femme.

## ARLEQUIN.

Il dort & demande une Femme ; il rêve donc. Fais-le entrer.

---

# SCENE III.

**SCARAMOUCHE**, *en manteau fouré & en bonnet de nuit.*
**ARLEQUIN.**

## SCARAMOUCHE.

Toûjours je dors, toûjours je baille.

## ARLEQUIN

Qui vous fit sous le nez une si grande entaille ?

## SCARAMOUCHE.

En mariage ici je viens m'appareiller.

## ARLEQUIN.

Il faut vous marier avec un Oreiller.

## SCARAMOUCHE.

Non, Monsieur, il me faut une Femme gaillarde,
Quelque jeune égrillarde
Qui chante pour me réveiller,

## ARLEQUIN.

Femme trop éveillée & mary qui sommeille,
Ne peuvent long-tems s'accorder,
Toûjours au chant du Coq la Poulle se reveille ;
Mais quand le Coq s'endort la Poulle a beau chanter,
Elle n'est point entenduë,
Et l'époux en ronflant la Basse continuë,
L'oblige bien à déchanter.

## SCARAMOUCHE.

Plus d'un mary qui m'écoute,
Comme moy quelquefois voudroit dormir bien fort ;
Car quand on dort
On ne voit goute.

## ARLEQUIN.

Il ne faut pourtant pas dormir quand il est question de choisir une femme, & les plus clairs-voyans n'y voient pas trop clair. Je m'en vais t'en donner une qui chantera toûjours.

*Les Sultanes s'avancent.*

## UNE SULTANE *chante.*

Espoux qui possedez un objet plein d'appas

46 *La foire de S. Germain,*
Ne vous endormez pas.
Gardez-bien voſtre conqueſte
Contre les veilles d'un Amant :
Car bien ſouvent un mary ſe reveille
Avec un mal de teſte
Qu'il n'avoit pas en s'endormant.

ARLEQUIN. *chante.*

La femme eſt une place ennemie
Que toſt ou tard on aſſiegera,
Il faut toûjours qu'un mary crie,
Qui vive, qui vive, qui va là ;
Veille qui pourra,
Si la ſentinelle eſt endormie,
Dans le Corps-de-garde entrera.

## SCENE IV.

ARLEQUIN, ME-ZETTIN *en ſautant.*

MEZETTIN. *riant.*

Monſieur, vous voyez un homme dans le dernier deſeſpoir.

ARLEQUIN.

A vous voir rire & dancer on ne le croiroit jamais.

#### MEZETTIN *riant.*

Je viens de perdre un grand procés.

#### ARLEQUIN.

Il n'y a pas là trop de quoy rire.

#### MEZETTIN *pleurant.*

Mais ce qui me console, c'est que je suis délivré par Arrest de ma premiere femme.

#### ARLEQUIN.

Il n'y a pas là de quoy pleurer.

#### MEZETTIN *riant.*

Elle m'a accusé en Justice de n'estre mary que pour la forme, & m'a fait declarer vieux à la fleur de mon âge.

#### ARLEQUIN.

Eh ! que diable d'homme est-ce donc cela ? il pleure quand il faut rire, & il rit quand il faut pleurer : C'est-à-dire que vous estes dans la liste *de frigidis & maleficiatis.*

#### MEZETTIN.

Une goguenarde de servante m'accusa aussi d'estre le pere d'un enfant, parce qu'il me ressembloit.

#### ARLEQUIN.

S'il falloit adopter tous les enfans qui nous ressemblent, & rejetter ceux qui ne nous ressemblent pas, on verroit un beau brouillamini dans les familles.

### MEZETTIN.

De deux procés opposez je me flattois d'en gagner un.

### ARLEQUIN.

Eh bien.

### MEZETTIN *riant*.

Je les ay perdus tous deux : Les mêmes Juges le même jour ont dit que j'étois oüy & non & m'ont condamné aux dépens.

### ARLEQUIN *chante*.

Aprés un pareil procés.
Crois-moy ne plaide jamais,
Dans la même occasion
Tantost on dit oüy, tantost on dit non.
Par Arrest te voilà donc
Declaré cocq & chapon.

### ARLEQUIN.

Tiens voilà une femme que je te veux donner qui a esté autrefois Serin de Canarie.

### MEZETTIN.

Bon cela ne se peut pas.

### ARLEQUIN.

Parlez, n'est-il pas vray belle Visionnaire,

## Comedie.

Que vous avez jadis chanté dans ma Voliere.

### COLOMBINE en Sultane.

Oüy Seigneur, & c'est aujourd'huy
Ce qui fait mon mortel ennuy ;
Lorsque j'étois Serin de Canarie
Je passois plaisamment la vie,
On m'a, croyant me faire un plaisir singulier
Naturalizé fille, ah ! le triste métier.

### ARLEQUIN.

Vous avez tort d'avoir tant d'amertume,
La belle autrefois beste à plume,
C'est un sort plein d'attraits,
D'estre jeune fille au teint frais.

### COLOMBINE.

Quand du Soleil la lumiere inégale
Sur la terre s'affoiblissoit,
Sans redouter l'éclat, sans craindre le scandale,
Je touchois où bon me sembloit,
Sans appeller ny Parens ny Notaire ;
Je choisissois l'Epoux qui sçavoit mieux me plaire,
Nous goûtions un heureux destin,
Et mon Epoux estoit certain,
Que de tous ses petits il étoit le vray pere.

I

### ARLEQUIN.

Ceux que le Dieu d'Hymen attrape au tre-
    buchet,
Ne sont pas si seurs de leur fait,
Et tel se voit d'enfans une longue lignée,
Qui n'a fait que prester son nom à la Cou-
    vée.

### COLOMBINE.

Sans aller en justice attaquer les défauts
De ces Maris froids ou brutaux,
Dés qu'un nouveau venu me plaisoit da-
    vantage,
Je rompois net mon Mariage,
Sans craindre que par des Arrests
On eut droit de me mettre en cage,
Et le Printemps prochain j'allois sous un
    Feüillage
Me marier sur nouveaux frais.

### ARLEQUIN *à Mezettin*.

Prends de ma main cette fille prudente,
De crainte d'effleurer ta reputation.
Tu la verras changer de Maris plus de
    trente,
Avant que demander la separation;
Mais avec elle seras-tu oüy ou non.

### MEZETTIN *chante*.

Je suis oüy, je suis non,
Selon l'occasion,

La chose est incertaine,
Je suis toûjours oüy
Chez la femme d'autruy;
Mais je suis non avec la mienne.

### ARLEQUIN *chante.*

Dedans tes champs,
Seme, arrose, détriche,
Plante en tous temps
Si tu veux estre riche;
    Mais,
A laisser sa femme en friche
On ne s'appauvrit jamais.

### ARLEQUIN.

Sois complaisant,
Affable & Debonnaire,
Traitte ta femme avec douce maniere,
    Mais,
Quand elle est dans la Riviere
Ne l'en retire jamais.

### ARLEQUIN *chante a l'antropophage.*

Pour vous Monsieur le Sauvage,
Ne faites pas le méchant,
Quatre jours de Mariage
Vous rendront moins violent,
Quand on voit un beau visage,
On croit d'abord faire rage;
Mais son approche nous rend
Doux & souple comme un gand.

## LA PETITE FILLE,
*chante dans sa cage.*

Vous qui vous mocquez par vos ris
De ma figure en cage,
Parmy vous autres beaux esprits
Il s'en trouve je gage,
Qui voudroientt bien au même prix
Revenir à mon âge.

### LA CHANTEUSE *chante.*

La Foire est un Serrail fecond
Qui peupleroit la France,
Force Mariages s'y font
Sans Contract ny Quittance,
Messieurs la Foire est sur le Pont,
Venez en diligence.

### ARLEQUIN *chante.*

Par quelqu'agreable Chanson
Filouter l'Auditoire,
Et luy couper bourse & cordons
Voilà nostre Grimoire ;
Car icy nous nous entendons
Comme Larrons en Foire.

### LA CHANTEUSE.

Tel qui sa femme tous les jours

A la Foire accompagne,
Ne voit pas en certains détours
Les Rivaux en campagne ;
Un Mary ne sçait pas toûjours
Les Foires de Champagne.

### ARLEQUIN.

Messieurs de bon cœur recevez
La Piece qu'on vous donne,
Demain nos vœux seront comblez,
Si vostre argent foizonne,
Si les Marchands sont assemblez
La Foire sera bonne.

### LA CHANTEUSE chante au Docteur.

Il faut que tout Vieillard usé
Renonce au Mariage,
Si vous en estes entesté
Prenez fille à cet âge,
Et pour plus grande seureté
Vous la mettrez en cage.

### MEZETTIN chante.

Deux troupes de Marchands forains
Vous vendent du Comiqne ;
Mais si pour les Italiens
Vostre bon goust s'explique,
Bien-tost quelqu'un des deux Voisins
Fermera la Boutique.

## ARLEQIUN chante.

Quoique le pauvre Italien
Ait eû plus d'une crize,
Les jaloux ne luy prennent rien
De voſtre chalandiſe,
Le parterre ſe connoiſt bien
En bonne marchandiſe.
Quand on demande bis,
Puiſque vous le voulez ainſi
Contentons voſtre envie;
Mais faites-donc *Chorus* auſſi,
Car j'aime l'harmonie,
Demain vous ſerez bis icy,
Mon Serrail vous en prie.

*FIN du troiſiéme & dernier Acte.*

www.ingramcontent.com/pod-product-compliance
Lightning Source LLC
LaVergne TN
LVHW022159080426
835511LV00008B/1461